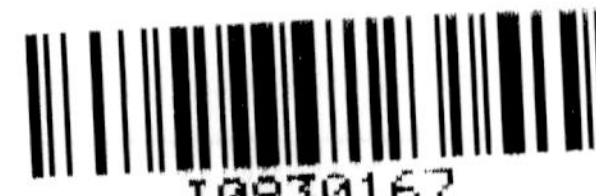

,